CATALOGUE

DES

LIVRES PRÉCIEUX

COMPOSANT

LE CABINET DE M. E. C***

PARIS

ADOLPHE LABITTE

LIBRAIRE DE LA BIBLIOTHÈQUE NATIONALE

4, RUE DE LILLE, 4

1881

Paris. — Typ. G. Chamerot. — 10794.

CATALOGUE

DE

LIVRES PRÉCIEUX

LA VENTE AURA LIEU

Le Lundi 4 Avril 1881, à 2 heures précises

HOTEL DES COMMISSAIRES-PRISEURS

Rue Drouot, 5

SALLE N° 3, AU PREMIER

Par le ministère de Mᵉ MAURICE DELESTRE, commiss.-priseur

RUE DROUOT, 27,

assisté de M. ADOLPHE LABITTE, libraire, rue de Lille, 4

———

Exposition publique, sous vitrines, le Dimanche 3 Avril 1881, de 2 à 4 heures.

———

CONDITIONS DE LA VENTE

La vente se fait au comptant, les acquéreurs paieront 5 p. 100 en sus des enchères applicables aux frais.

Les livres devront être collationnés sur place dans les vingt-quatre heures de l'adjudication. Passé ce délai ou une fois sortis de la salle de vente, ils ne seront repris pour aucune cause.

M. ADOLPHE LABITTE remplira les commissions des personnes qui ne pourraient assister à la vente.

Paris. — Typ. G. Chamerot, 19, rue des Saints-Pères. — 10794

CATALOGUE

DES

LIVRES PRÉCIEUX

COMPOSANT

LE CABINET DE M. E. C***

PARIS

ADOLPHE LABITTE

LIBRAIRE DE LA BIBLIOTHÈQUE NATIONALE

4, RUE DE LILLE, 4,

1881

l suffira d'un simple coup d'œil jeté sur ce petit catalogue pour juger de son importance et de la valeur des ouvrages qui y sont décrits. Nous nous bornerons donc à en recommander la lecture aux bibliophiles, leur donnant la certitude, quelque difficiles qu'ils soient et quel que soit le genre de livres qui les intéresse, qu'ils y trouveront de précieux morceaux.

Ceux qui recherchent les livres pour leur rareté ou leur belle exécution typographique y remarqueront les plus beaux spécimens des Alde, des Elzevier, des Baskerville et des

Didot. *Les amateurs de livres à figures du XVIII*ᵉ *siècle y contempleront avec envie des exemplaires hors ligne des* Baisers *et des* Fables de Dorat, *des* Chansons de de La-borde, *des* Contes de la Fontaine, 1762, *des* Métamorphoses d'Ovide, *des* Œuvres de Ra-belais. *Enfin les chercheurs d'éditions ori-ginales de nos grands écrivains pourront y faire une ample moisson des premières édi-tions de Corneille, de Racine et surtout de Molière.*

*C'est, en effet, sur ce dernier que s'est éten-due la prédilection de M. E. C****, le pro-priétaire actuel de toutes ces richesses, et c'est avec une véritable passion qu'il a réuni des exemplaires de premier choix des* Molière *de* 1666, 1673, 1674, 1675 *et de quelques pièces originales parmi lesquelles figurent* le Tartuffe, George Dandin, les Femmes sa-vantes *et le* Festin de Pierre (*Elzevier*).

Les 110 *ouvrages qui composent ce petit cabinet sont, à quelques très-rares exceptions près, recouverts de reliures re-marquables de Padeloup, de Derome et de Trautz-Bauzonnet.*

Tous se recommandent par la beauté exceptionnelle des exemplaires, et, si l'on nous demandait quelle est la plus belle perle de ce trésor, nous pourrions répondre que le Regnier Elzevier *(n° 35),* NON ROGNÉ, *et recouvert d'une riche reliure à mosaïque de Trautz, est fait pour éblouir; mais que la présence du* Molière *de 1673 (n° 66), l'un des quatre exemplaires connus jusqu'à ce jour, nous paraît également de nature à produire une vive impression sur l'esprit des amateurs, et qu'il est difficile de juger auquel de ces deux joyaux on doit donner la préférence.*

CATALOGUE

DES

LIVRES PRÉCIEUX

COMPOSANT

LE CABINET DE M. E. C****

THÉOLOGIE

SALTERIUM DAVIDIS, ad exemplar Vaticanum anni 1592. *Lugduni (Batavorum), apud Joh. et Dan. Elsevirios, anno* 1653. Pet. in-12, titre-frontisp. gr. mar. bleu jans. doublé de mar. rouge avec dentelle Chamillart, tr. dor. (*Trautz-Bauzonnet.*)

Très-bel exemplaire de cette jolie édition, recherchée. Hauteur : 128 mill. 1/2.

2. Thomæ a Kempis de Imitatione Christi libri IV. *Lugduni (Batavorum), apud Joh. et Dan. Elsevirios, s. a.* Pet. in-12, titre-front. gravé, mar.

vert jans. dent. int. tr. dor. (*Trautʒ-Bauʒonnet.*)

« Ce petit volume, dit M. Willems (*Les Elʒevier. Histoire et Annales typographiques,* page 181), passe à bon droit pour un des plus beaux et des plus précieux de la collection elzevirienne... » Le savant bibliographe pense que l'ouvrage a été imprimé en 1653, et il ajoute : « Quant à l'adresse *Lugduni,* au lieu de *Lugduni Batavorum,* c'était, nous l'avons constaté maintes fois, une sorte de tradition chez les Elzevier, pour tous les ouvrages qu'ils espéraient débiter dans les pays catholiques. »

Bel exemplaire. Hauteur : 127 mill.

3. L'IMITATION de Jésus-Christ, traduite en vers français par P. C. (P. Corneille), (livres I et II). *A Rouen, de l'imprimerie de L. Maury,* 1653. — La même... Livre III (chapitres I à XXX). *Paris, Robert Ballard,* 1654. — La même, dernière partie (livre III, 2ᵉ partie, et livre IV). *Imprimée à Rouen par L. Maury, pour Robert Ballard,* 1656. Ens. 2 vol. in-12, frontispices et figures gravés, mar. rouge, dos orné, large dent. sur les plats, tr. dor. (*Très-jolie reliure de Derome.*)

Éditions originales, dans ce format, du livre III et du livre IV. Grattage sur le titre.

4. DE L'IMITATION DE JÉSUS-CHRIST, traduction nouvelle (par l'abbé de Choisy). *Paris, Ant. Deʒallier,* 1692. In-12, frontispice, vignette et figures, par J. Mariette, mar. bleu, fil. or et dent. à froid sur les plats, tr. dor. (*Boʒérian jeune.*)

Édition rare. En tête de l'épître dédicatoire au Roi se trouve une charmante vignette qui n'existe que dans cette édition, et qui représente l'ancienne chapelle de Versailles. Louis XIV y est figuré entendant la messe à genoux, puis, au livre second, une autre figure représente Mᵐᵉ de Maintenon au milieu des demoiselles de Saint-Cyr, agenouillée sur un prie-Dieu; au haut de la voûte on lit : *Audi, filia.*

On sait que cette gravure qui avait donné lieu à des allusions malignes, a été remplacée dans presque tous les exemplaires par une autre figure exécutée assez grossièrement et qui représente un crucifix.

Exemplaire mesurant 159 mill. de hauteur.

5. LETTRES ESCRITES A UN PROVINCIAL, par un de ses amis (Blaise Pascal). *Sans titre* (23 janvier 1656 au 24 mars 1657). In-4, mar. rouge jans. doublé de mar. rouge avec dentelle, tr. dor. (*Trautz-Bauzonnet.*)

ÉDITION ORIGINALE. Très-bel exemplaire.
Hauteur : 241 mill.

6. Les Provinciales, ou les Lettres escrites par Louis de Montalte (Blaise Pascal) à un Provincial de ses amis et aux RR. PP. Jésuites sur le sujet de la morale et de la politique de ces Pères. *A Cologne, chés Pierre de la Vallée*, 1657. Pet. in-12, mar. vert, dos orné, fil. dent. int. tr. dor. (*Duru*, 1849.)

Édition imprimée à Amsterdam par Louis et Daniel Elzevier. Très-bel exemplaire, l'un des plus grands connus, de la bonne édition sous cette date.
Hauteur : 135 mill.

7. Histoire des variations des Églises protestantes par messire Jacq.-Bénigne Bossuet, évêque de Meaux. *A Paris, chez la veuve de Sébastien Mabre-Cramoisy*, 1688. 2 vol. in-4, mar. rouge jans. fil. à froid, dent. int. tr. dor. (*Ottmann-Duplanil.*)

ÉDITION ORIGINALE.

8. LETTRES A ÉMILIE SUR LA MYTHOLOGIE, par C.-A. Demoustier. *Paris, Ant.-Aug. Renouard*, 1809. 6 parties en 2 vol. in-8, portr. et figures, mar. rouge, dos orné, fil. dent. int. tr. dor. (*Cuzin.*)

La meilleure et la plus belle édition de cet ouvrage contenant la suite des figures de Moreau le jeune (au nombre de 36) et un portrait de l'auteur, gravé par Tardieu.
Cette suite est en 2 états avec et *avant la lettre.*
Très-bel exemplaire.

SCIENCES

ES ŒUVRES MORALES DE PLU-
TARQUE, translatées de grec en françois, reveues et corrigées en plusieurs passages par le translateur, com-
prises en deux tomes. *Paris, pour Ant.
Chuppin,* 1584. In-8 (tome Iᵉʳ), mar. rouge, comp.
tr. dor. (*Rel. anc.*)

EXEMPLAIRE DE HENRI III. Riche reliure à comp. dorés, semés
de branchages et de marguerites; au milieu des plats se trouvent
les armes de France et de Pologne et sur le dos la devise: *Spes
mea Deus,* avec la tête de mort. Ce genre de reliure est très-
rare.

10. L. Annæi Senecæ philosophi Opera omnia ex ult.
J. Lipsii emendatione et M. A. Senecæ rhetoris
quæ exstant, ex Andr. Schotti recens. *Lugd. Batavorum, apud Elzevirios,* 1640. 3 vol. — J.-F. Gronovii ad L. et M.-A. Senecas notæ. *Lugd. Batav.,
ex officina Elseviriana,* 1649. 1 vol. Ens. 4 vol.

pet. in-12, mar. rouge jans. dent. int. tr. dor.
(*Trautz-Bauzonnet.*)

> La plus belle et la plus recherchée des trois éditions données par les Elzevier.
>
> Très-bel exemplaire grand de marges. Hauteur : 130 et 131 mill.

11. La Consolation philosophique de Boëce. Nouvelle traduction, avec la Vie de l'auteur, des remarques historiques et critiques, et une dédicace massonique, par un frère masson, membre de l'Académie Royale des sciences et des belles-lettres de Berlin (Jos. Du Fresne de Francheville). *A la Haye, chez Pierre de Hondt*, 1744. 2 vol. in-8, mar. rouge, dos orné, fil. tr. dor. (*Derome.*)

12. LES ESSAIS de Michel, seigneur de Montaigne. *A Bruxelles, chez Francois Foppens*, 1659. 3 vol. in-12, portrait-frontispice gravé, mar. rouge, dos orné, fil. doublé de tabis viol. dent. tr. dor. (*Padeloup.*)

> Édition que l'on joint à la collection elzevirienne, hauteur : 153 mill. pour les tomes I et II et 154 mill. pour le tome III.
>
> Superbe exemplaire dans une reliure de Padeloup d'une grande fraîcheur.

13. LES CARACTÈRES de Théophraste, traduits du grec, avec les Caractères ou les Mœurs de ce siècle (par la Bruyère). *A Paris, chez Estienne Michallet, premier imprimeur du Roy, rue S. Jacques à l'Image Saint-Paul*, 1688. In-12, mar. bleu jans. dent. int. tr. dor. (*Trautz-Bauzonnet.*)

> ÉDITION ORIGINALE contenant 418 caractères. Elle se compose de 30 ff. prélim. 307 pp., 1 feuillet pour le privilège et 1 autre pour l'*errata*. Les pages du texte sont numérotées de 53 à 360; la page 131 est cotée 115, et la page 285, 265.
>
> Superbe exemplaire réglé. Hauteur: 156 mill.

14. Les Caractères de Théophraste, traduits du grec,

avec les Caractères ou les Mœurs de ce siecle (par
la Bruyère), neuvième édition, revue et corrigée.
Paris, chez Étienne Michallet, M.DC.CXVI (*sic*)
(1696). In-12, mar. rouge jans. dent. int. tr. dor.
(*Trautz-Bauzonnet.*)

> Cette édition renferme les dernières augmentations et corrections de la Bruyère.
> Très-bel exemplaire auquel on a ajouté un joli portrait de la Bruyère gravé par Drevet, d'après le tableau de Saint-Jean.
> Hauteur : 161 mill. 1/2.

15. Œuvres complètes d'Helvétius. *Paris, P. Didot
l'aîné, an III* (1795). 14 vol. in-18, portrait ajouté,
mar. rouge, doublé de tabis, tr. dor. (*Bozérian.*)

> Bel exemplaire en GRAND PAPIER VÉLIN, avec cette mention manuscrite sur le faux-titre du 1ᵉʳ volume : *Au général Bonaparte, de la part de la veuve Helvétius.*

16. C. Plinii Secundi historiæ naturalis libri XXXVII.
Lugduni Batavorum, ex officina Elzeviriana, 1635.
3 vol. pet. in-12, mar. vert jans. dent. int. tr. dor.
(*Trautz-Bauzonnet.*)

> Un des plus beaux livres exécutés par les Elzevier.
> Hauteur : 128 mill.

BEAUX-ARTS

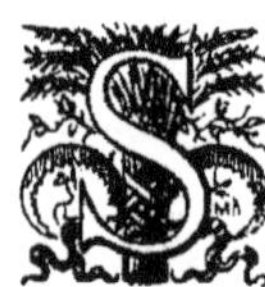UITE d'estampes gravées par Mme la marquise de Pompadour, d'après les pierres gravées de Guai, graveur du Roy. *S. l. n. d. (Paris, vers* 1775). In-4, mar. olive, fleurs à mosaïques sur les plats, doublé de tabis rose, tr. dor. (*Rel. anc.*)

Curieux recueil composé d'un frontispice et de 63 planches gravées, remontées sur papier vergé, et encadrées de filets rouges et noirs faits à la plume : le titre, la table et le texte sont manuscrits.

Il manque à cet exemplaire la planche 5o : *L'Amour présentant un bouquet.*

18. Recueil d'estampes, gravées d'après les tableaux du cabinet de Mgr le duc de Choiseul, par les soins du sieur Basan. *Paris*, 1771. In-4, fig. v. écail. fil. tr. dor.

Cet exemplaire contient un titre par Choffard, une dédicace gravée, 2 portraits du duc de Choiseul, une description des tableaux en 12 pages gravées et 128 planches dont 5 planches répétées.

La planche 123 est remontée.

Bel exemplaire du premier tirage. La plupart des planches (79 sur 128) sont avant la lettre.

19. **Collection de cent vingt estampes**, gravées d'après les tableaux et dessins qui composaient le cabinet de M. Poullain, receveur général des Domaines du Roi ; exécutées sous la direction du sieur Fr. Basan, graveur, etc., le sieur Moitte, peintre, en avait fait les dessins d'après les tableaux, avant la mort de ce célèbre amateur. *Se vend à Paris, chez Basan et Poignant*, 1781. In-4, figures, v. éc. fil. tr. dor.

> Deux titres, l'un par Choffard, l'autre par Lebrun, et 118 planches gravées
> La planche 61 et la planche 20, se trouvent ensemble.
> Les planches 32, 47, 68, 76 et 105 sont AVANT LA LETTRE.

20. **Iconologie** par figures, ou Traité complet des allégories, emblèmes, etc., ouvrage utile aux artistes, aux amateurs et pouvant servir à l'éducation des jeunes personnes, par MM. Gravelot et Cochin, *A Paris, chez Lattré, graveur. S. d.* 4 vol. in-12. tirés pet. in-8, portrait, titres et figures gravés, vélin blanc, dent. tr. dor. (*Courteval.*)

> Bel exemplaire avec les figures AVANT LA LETTRE, sauf deux ou trois.

21. **Les petites parties et les grands costumes de la cour de France**, ornés de figures dessinées par Moreau le jeune et publiés par Restif de la Bretonne. *S. l. n. d.* In-8, figures, mar. rouge, dos orné, fil. dent. int. tr. dor. (*Ad. Bertrand.*)

> Ravissante réduction de la Iʳᵉ série des estampes de Moreau
> Ces figures sont remarquablement gravées, elles ont été tirées
> sous les yeux de Moreau et sont numérotées de 13 à 24, sans
> titre. On y a joint une contrefaçon assez bien exécutée, *tirée au
> bistre ;* elle porte ces mots au bas des planches : *Peint par
> M. Moreau le jeune à Paris, gravé par Gleich.* La planche
> cotée 22, *les Adieux,* manque dans la suite en couleur.

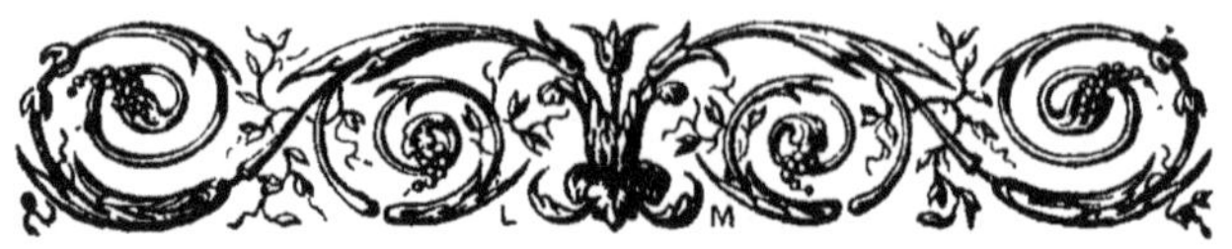

BELLES - LETTRES

I. POÈTES ANCIENS

NACRÉON, Sapho, Bion et Moschus, traduction nouvelle en prose, suivie de la Veillée des Fêtes de Vénus, et d'un choix de pièces de différens auteurs, par M. M*** C*** (Moutonnet-Clairfons). *A Paphos, et se trouve à Paris chez Le Boucher*, 1773. — Héro et Léandre, poëme de Musée. On y a joint la traduction de plusieurs Idylles de Théocrite, par M. M*** C*** (Moutonnet-Clairfons). *A Sestos et se trouve à Paris, chez Le Boucher*, 1774. 2 ouvrages en 1 vol. in-8, papier de Hollande, figures, v. rac. dos orné, tr. jasp.

Bel exemplaire de la *première édition.* Figures, vignettes et culs-de-lampe d'Eisen, gravés par Massard et Duclos.

23. P. Virgilii Maronis Opera nunc emendatiora. *Lugd. Batavor., ex officina Elzeviriana*, 1636. Pet. in-12, titre-frontisp. gravé, mar. rouge, dos

orné, fil. dent. int. tr. dor. (*Trautz-Bauzonnet.*)

Très-joli exemplaire de la première édition sous cette date. On y a ajouté un portrait de Virgile, gravé en médaillon par Saint-Aubin.
Hauteur : 125 mill.

24. P. Virgilii Maronis Opera nunc emendatiora. *Lugd. Batavor., ex officina Elzeviriana*, 1636. Pet. in-12, titre-frontisp. gravé, mar. rouge, dos orné, large dent. sur les plats et dent. int. tr. dor. (*Duru*, 1858.)

Joli exemplaire grand de marges de la première édition sous cette date. Hauteur : 125 mill. 1/2.

25. Phædri Fabularum Æsopiarum libri V, cum commentariis M. Gudii, Nic. Rigaltii, etc., curante P. Burmanno. *Amstelædami, H. Wetstenius*, 1698. In-8, front. gravé, mar. bleu, fil. tr. dor. (*Rel. anc.*)

Bel exemplaire aux armes et aux chiffres du comte d'Hoym.

26. Catulli, Tibulli et Propertii Opera. *Londini, Jac. Tonson*, 1715. In-12, front. gr. mar. citr. dos orné, fil. tr. dor. gardes de papier doré à fleurs.

Jolie reliure de Padeloup avec ornements à mosaïques sur les plats.

27. Catullus, Tibullus et Propertius, pristino nitori restituti, et ad optima exemplaria emendati, cum fragmentis C. Gallo inscriptis. *Parisiis, typis J. Barbou*, 1754. In-12, pap. fort, fig. et vignettes, mar. rouge, large dent. sur les plats, dos orné, doublé de tabis bleu, tr. dor. (*Derome.*)

La reliure est d'une grande fraîcheur.

28. LES MÉTAMORPHOSES D'OVIDE, en latin et en français, de la traduction de M. l'abbé Banier,

avec des explications historiques et les figures gravées sur les dessins des meilleurs peintres français,
par les soins des sieurs Le Mire et Basan, graveurs.
A Paris, chez Despilly, 1767-1771. 4 vol. in-4, fig.
mar. rouge, dos orné, fil. tr. dor. (*Rel. anc.*)

Très-bel exemplaire du PREMIER TIRAGE. La reliure est d'une
grande fraîcheur.

29. M. Valerii Martialis epigrammatum libri. *Lute-
tiæ Parisiorum, typis Josephi Barbou*, 1754. 2 vol.
in-12, papier fort, front. gravé et 2 vignettes d'Eisen, mar. rouge, dos orné, large dent. sur les plats,
tr. dor.

Jolie reliure ancienne, très-fraîche.

30. Cl. Claudiani quæ exstant. Nic. Heinsius, Dan. F.,
recensuit. *Lugduni Batavorum, ex officina Elzeviriana*, 1650. Pet. in-12, titre-front. gravé, mar.
rouge, fil. tr. dor. (*Derome.*)

Bel exemplaire réglé. Hauteur : 131 mill. 1/2.

II. POÈTES FRANÇAIS

31. Les Poésies de Guillaume Cretin. *Paris, Ant.-
Urbain Coustelier*, 1723. In-12, mar. rouge, fil.
tr. dor. (*Derome.*)

32. LES ŒUVRES DE CLÉMENT MAROT, de Cahors,
valet de chambre du Roy, reveues et augmentées
de nouveau. *A la Haye, chez Adrien Moetjens,*

1700. 2 vol. pet. in-12, mar. rouge, dos orné, fil.
dent. int. tr. dor. (*Trautz-Bauzonnet.*)

Premier tirage sous cette date de cette jolie édition.
Bel exemplaire. Hauteur : 134 mill. 1/2.

33. Les Premières Œuvres de Philippe Des Portes.
Au Roy de France et de Pologne, revues, corrigées
et augmentées outre les précédentes impressions.
A Rouen, chez Raphaël Du Petit Val, 1594. In-12,
caract. italiques, vélin blanc, orné de fleurons dorés
sur le dos et les plats, tr. dor.

Très-bel exemplaire, réglé. Édition rare.

34. Les Satyres du sieur Regnier, reueues et augmentées de nouueau, dédiées au Roy. *A Paris, chez
Toussainct Du Bray,* 1613. Pet. in-8, mar. bleu,
jans. dent. int. tr. dor. (*Cuzin.*)

Dernière édition donnée par Regnier, rare.

35. LES SATYRES ET AUTRES ŒUVRES DU
SIEUR REGNIER, augmentées de diverses pièces
cy-devant non imprimées. *A Leiden, chez Jean et
Daniel Elzevier,* 1652. Pet. in-12 de 4 ff., y compris
le titre qui porte la marque *Non solus,* 202 pages
chiffr. et 2 ff. pour la table, mar. rouge, fil. riches
compartiments à mosaïque de maroquin vert,
bleu, citron et brun, avec dorures à petits fers cou-
vrant entièrement le dos et les plats du volume,
doublé de mar. citron, avec large dent. (*Trautz-
Bauzonnet.*)

EXEMPLAIRE PRÉCIEUX, NON ROGNÉ.
Édition recherchée à cause de sa rareté et de sa belle exécution typographique et surtout parce qu'elle est plus complète

que toutes celles qui l'ont précédée; les satires 18 et 19 s'y
trouvent imprimées pour la première fois.

On ne connaît jusqu'ici que trois exemplaires NON ROGNÉS
de ce charmant petit livre ; l'un appartient à Mgr le duc d'Au-
male, l'autre se trouvait chez Jules Janin quelque temps avant sa
mort et ne fut pas retrouvé lors de la vente de sa bibliothèque,
le troisième est annoncé ci-dessus. Ce dernier exemplaire offre
cet avantage qu'il est recouvert d'une délicieuse reliure à mosaïque de Trautz-Bauzonnet. L'habile artiste n'a exécuté que
2² reliures à compartiments de couleurs variées dont la liste
se trouve en tête du catalogue de la vente de Béhague ; celle-
ci, inscrite sous le n° 21, est ornée de riches ornements, genre
Le Gascon, et c'est certainement une de celles pour lesquelles
le maître a déployé le plus de talent. Un volume sorti également
des presses elzeviriennes, *également* non rogné, et recouvert
d'une de ces reliures à mosaïque, genre Padeloup, a été vendu,
l'année dernière, 16,100 francs. Sauf une petite cassure à la
marge du titre, très-habilement raccommodée, notre exemplaire
est d'une pureté irréprochable.

36. LE PARNASSE SATYRIQUE du sieur Théophile. *S. l.*
1660. Pet. in-12, jolie reliure en mar. rouge, riches
compartiments dorés, entrelacs de filets et de feuil-
lages, dent. int. tr. dor. (*Capé.*)

Très-bel exemplaire de cette jolie édition que l'on joint à la
collection elzevirienne. Hauteur : 128 mill.

37. Fables nouvelles et autres poésies de M. de la
Fontaine. *A Paris, chez Denys Thierry, rüe S. Jacques, à l'enseigne de la Ville de Paris,* 1671. In-12,
figures, mar. rouge, dos orné, fil. dent. int. tr. dor.
(*Trautz-Bauzonnet.*)

Ce volume contient 8 fables alors inédites : *Le Lion, le Loup
et le Renard ; le Coche et la Mouche ; le Trésor et les deux
hommes ; le Rat et l'Huître ; le Singe et le Chat ; le Gland et
la Citrouille ; le Milan et le Rossignol ; l'Huître et les
Plaideurs ;* il contient encore *le Songe de Vaux* déjà imprimé
sous la date de Cologne, 1667, l'*Élégie sur Fouquet,*
publiée dans le *Recueil des pièces nouvelles* (Hollande, 1667),
la seconde édition d'*Adonis* et d'autres poésies. En tête de
chaque fable est placée une vignette de Chauveau.

Très-bel exemplaire. Hauteur : 156 mill.

38. FABLES CHOISIES MISES EN VERS, par J. de la Fontaine. *Paris, chez Desaint, Saillant et Durand,* 1755-1759. 4 vol. in-fol. portrait d'Oudry, d'après Largillière, gravé par Tardieu, frontispice et figures par Oudry, mar. rouge, dos orné, tr. dor. (*Rel. anc.*)

Très-bel exemplaire en GRAND PAPIER DE HOLLANDE. Belles épreuves.

La planche de la fable : *le Singe et le Léopard* (tome III, page 111) est avant les mots : *le Léopard,* sur l'enseigne,

39. CONTES ET NOUVELLES EN VERS, par M. de la Fontaine. *A Amsterdam (Paris, Barbou),* 1762. 2 vol. in-8, portraits, figures, vignettes et culs-de-lampe, par Eisen et Choffard, mar. rouge, dos orné, fil. dent. int. tr. dor. (Signé : *Derome.*)

Édition dite des *Fermiers généraux.*

MAGNIFIQUE EXEMPLAIRE, tant pour la conservation, la beauté des épreuves, la grandeur des marges, que pour la reliure qui est d'une fraîcheur incomparable.

Les figures du *Cas de Conscience* et du *Diable de Papefi-guières* sont découvertes. Le portrait de Choffard, gravé en médaillon, à la fin du tome II, est sur fond blanc.

Cet exemplaire porte l'*ex libris* du baron de la Roche-Lacarelle.

40. CONTES ET NOUVELLES EN VERS, par Jean de la Fontaine. *A Paris, de l'imprimerie de P. Didot l'aîné, l'an III de la République,* 1795. 2 vol. in-4, papier vélin, figures, br.

Belle édition illustrée de 20 gravures de Fragonard, Mallet et Touzé qui se trouvent dans le tome Ier.

Très-bel exemplaire avec les 3 figures suivantes AVANT LES NUMÉROS : la troisième figure de *Joconde* ; *la Fiancée du roi de Garbe* et *le Baiser rendu.*

41. LA FONTAINE. CONTES ET NOUVELLES EN VERS. Suite de 20 planches de FRAGONARD. In-4.

Épreuves AVANT LA LETTRE, quelques-unes des planches ont la marge du haut un peu rognée.

42. La Fontaine. Contes. Suite de Fragonard :
1 *Joconde*, 3ᵉ sujet, AVANT LA LETTRE. 2 *Le Mari
confesseur*, AVANT LA LETTRE (mouillure). 3 *La
Fiancée du roi de Garbe*, 2ᵉ sujet, épreuve sur papier
vergé.

43. LA FONTAINE. SUITE COMPLÈTE de 25 vignettes
in-8, par Moreau le jeune, gravées par Bosq, Deli-
gnon, de Ghendt, Trière, Simonnet, Villiers, etc., pour
illustrer l'édition publiée par Lefèvre en 1814 et un
portrait gravé par J.-F. Ribault d'après Rigault.

> PREMIER TIRAGE, belles épreuves AVANT LA LETTRE, NON RO-
> GNÉES. On a ajouté à cette suite : *Le Passage du Torrent*, gravé
> par Heina, d'après Legay ; en tout 27 pièces.

44. RECUEIL DES MEILLEURS CONTES EN
VERS par la Fontaine, Voltaire, Vergier, Sénecé,
Perrault, Moncrif, le P. Ducerceau, Grécourt, Au-
tereau, Saint-Lambert, Champfort, Piron, Dorat,
la Monnoye et François de Neufchâteau. *Londres
(Paris, Cazin)*, 1778. 4 vol. in-18, portraits et vignettes gravés, mar. bleu, dos orné, comp. de filets,
pointillé avec fleurons sur les plats, dent. int. tr. dor.
(*Trautz-Bauzonnet*).

> Joli exemplaire orné d'un portrait de la Fontaine et des
> 113 vignettes de Duplessis-Bertaux. Le cadre des titres est re-
> produit sur les plats de la reliure. Hauteur : 124 mill.

45. LES GRACES (par de Querlon). *A Paris, chez
Prault*, 1769. In-8, frontispice par Boucher, titre et
figures par Moreau le jeune, mar. citr. dos orné, fil.
dent. int. tr. dor. (*Derome le jeune.*)

> Superbe exemplaire du premier tirage et en grand papier de
> Hollande.
> La reliure, parfaitement conservée, est signée.

46. DORAT. Les Baisers, précédés du Mois de Mai, poème. *A la Haye, et se trouve à Paris, chez Lambert, imprimeur, rue de la Harpe, et Delain, rue de la Comédie françoise.* 1770. Gr. in-8, papier de Hollande, titre rouge et noir, une figure par Eisen, gravée par Longueil, 23 vignettes, 1 fleuron sur le titre et 22 culs-de-lampe par Eisen et Marillier, mar. bleu, dos orné, large dent. à la Derome, dent. int. tr. dor. (*Trautz-Bauzonnet.*)

> Exemplaire relié sur brochure, avec témoins. Il a 240 mill. de hauteur et possède toutes les figures et culs-de-lampe TIRÉS A PART ; le dernier cul-de-lampe s'y trouve même en deux épreuves.
> C'est un des plus beaux exemplaires de ce livre précieux.

47. FABLES NOUVELLES (par Dorat), *A la Haye, et se trouve à Paris.* 1773. 2 tomes en 1 vol. in-8, frontispice, figures, vignettes et culs-de-lampe, v. fauve, dos orné, fil. dent. int. tr. dor. (*Derome*).

> Très-bel exemplaire en GRAND PAPIER DE HOLLANDE avec les figures de Marillier en PREMIÈRES ÉPREUVES.

48. CHOIX DE CHANSONS mises en musique par M. de Laborde, ornées d'estampes par J.-M. Moreau. *Paris, de Lormel,* 1773. 4 tomes en 2 vol. gr. in-8, titre gr. 4 frontisp. et 100 figures par Moreau, Le Bouteux et Le Barbier, grav. par Moreau, Masquelier, Néc, etc., mar. rouge, fil. dos orné (*à l'Oiseau*) tr. dor. (*Derome.*)

> Très bel exemplaire, avec le portrait de J.-B. de Laborde, gravé par Masquelier d'après Denon.

49. LABORDE (DE). Portrait en médaillon.

> DESSIN ORIGINAL DE DENON à la mine de plomb et à l'encre de chine. Il est remonté in-folio.

5o. ŒUVRES DE GRESSET. *Paris, A.-Aug. Renouard*, 1811.— Le Parrain magnifique, poème en dix chants. *Paris, A. Aug. Renouard*, 1810. 2 vol. in-8, portrait et figures, mar. rouge, dos orné, comp. à froid et fil. or. sur les plats, tr. dor. (*Doll.*)

TRÈS-BEL EXEMPLAIRE SUR PAPIER VÉLIN, contenant la suite complète des 8 gravures de Moreau, plus un portrait de Gresset, d'après Nattier, par Saint Aubin.

Cette jolie suite est en deux états: ÉPREUVES AVANT LA LETTRE et EAUX-FORTES (TRÈS-RARES). L'eau-forte pour le chant X° du *Parrain magnifique* manque; le portrait s'y trouve seulement *avant le nom des artistes*.

Cet exemplaire contient, en outre, la suite complète des 6 fig. in-18 de Moreau faite pour l'édition Saugrain.

51. ŒUVRES D'ÉVARISTE PARNY. *A Paris, chez Debray, de l'imprimerie de P. Didot l'aîné*, 1808. 4 vol. gr. in-18. — La Guerre des Dieux, poème en dix chants (par le même). 1 vol. Ens. 5 vol. gr. in-18, mar. bleu, dos orné avec fleurons, fil. sur les plats, dent. int. tr. dor. (*Trautz-Bauzonnet.*)

Très-bel exemplaire en papier vélin; la reliure du 5° volume: *la Guerre des Dieux*, est doublée de mar. citron. avec dentelle à comp. (style XVIII° siècle).

III. THÉATRE

52. M. ACCI PLAUTI COMŒDIÆ, accedit commentarius ex recensione J.-Fr. Gronovii. *Lugd. Batavorum, ex officina Hackiana*, 1664. 1 tome en 2 vol. in-8, front. gr. mar. bleu, fil. tr. dor. (*Padeloup.*)

Très-bel exemplaire de LONGEPIERRE, avec les insignes de la Toison d'or sur le dos et sur les plats de la reliure.

53. Publii Terentii Afri Comœdiæ. *Birminghamiæ,
typis Johannis Baskerville,* 1772. In-8, mar. rouge,
dos orné, large dent. sur les plats, doublé de satin
viol. dent. int. tr. dor. (*Derome.*)

Bel exemplaire réglé; la reliure est d'une grande fraîcheur.

54. LE THÉATRE DE P. CORNEILLE, reveu et
corrigé par l'autheur. *Imprimé à Rouen et se vend à
Paris, chez Augustin Courbé et Guillaume de Luyne,*
1660. 3 vol. in-8, frontispices et figures par Chauveau et autres, mar. rouge, comp. à la Du Seuil
dos orné, tr. dor. (*Reliure ancienne.*)

SUPERBE EXEMPLAIRE dans lequel se trouve, en tête du tome Ier,
le portrait de Corneille (de l'édition de 1644) par Mich. Lasne,
tiré in-8, papier fort.
Dans cette édition, Corneille a fait une nouvelle révision de
son théâtre. Il agrandit le format qu'il avait précédemment adopté,
rendit ses volumes plus symétriques, mit en tête de chacun d'eux
un *Discours* spécialement écrit pour l'édition et des *Examens* dans
lesquels il passa en revue chacune de ses pièces. Dans une lettre
à l'abbé de Pure, Corneille donne des détails sur la peine que
lui donna la publication de ce nouveau recueil, en particulier la
confection des *Discours*. (Voir : *Bibl. Cornél.*, n° 106.)

55. LE THÉATRE DE P. CORNEILLE, reveu et
corrigé et augmenté de diverses pièces nouvelles.
*Suivant la copie imprimée à Paris (Amsterdam, Abr.
Wolfgang),* 1664. 4 vol. portrait et frontispice gravés.—LES TRAGÉDIES ET COMÉDIES DE TH. CORNEILLE,
reveues, corrigées, et augmentées de diverses pièces
nouvelles. *Suivant la copie imprimée à Paris (Amsterdam, Abr. Wolfgang),* 1665-1678. 5 vol. Ens.
9 vol. pet. in-12, portrait, frontispice et figures gravés, mar. rouge jans. doublé de mar. rouge avec
large dent. tr. dor. (*Cuzin.*)

Superbe exemplaire, bien complet et composé entièrement de
pièces de bonne date. Hauteur : 130 mill.

56. La Mort de Pompée, tragédie (par P. Corneille). *A Paris, chez Antoine de Sommaville et Augustin Courbé*, 1644. In-12 bas.

> Édition originale, in-12 ; elle fait partie du recueil de 1647 (*Bibliographie Cornélienne*, n° 33).
> Bel exemplaire avec témoins.

57. ŒUVRES DE RACINE. *A Paris, chez Jean Ribou, au palais, dans la salle royalle, à l'image S. Louis*, 1675-1676. 2 vol. in-12, frontispice de Le Brun, gravé par S. Le Clerc et figures de Chauveau, mar. rouge jans. dent int. tr. dor. (*Trautz-Bauzonnet.*)

> Première édition collective du théâtre de Racine, contenant ses neuf premières pièces, depuis la *Thébaïde* jusqu'à *Iphigénie*.
> Le tome I porte la date de 1675, ce qui n'a pas toujours lieu.
> Très-bel exemplaire. Hauteur : 155 mill.

58. Œuvres de Racine. *Suivant la copie imprimée à Paris (Amsterdam, Abr. Wolfgang)*, 1678. 2 vol. frontispices et figures gravés. — Esther, tragédie tirée de l'Écriture sainte (par Racine). *Suivant la copie imprimée à Paris*, 1689. — Athalie, tragédie tirée de l'Écriture sainte (par Racine). *Suivant la copie imprimée à Paris*, 1691. 2 pièces en 1 vol. frontisp. gravés. Ens. 3 vol. pet. in-12, vél. à recouvrem.

> Bel exemplaire de la première édition elzevirienne, très-recherchée ; toutes les pièces sont de bonne date. Esther et Athalie, qui n'y sont pas ordinairement jointes, sont également de bonne date.
> Hauteur : 128 mill. 1/2 ; Esther 131 et Athalie 130 mill. ; ces deux dernières pièces sont très-grandes de marges.

59. Œuvres de Racine. *A Paris, chez Denys Thierry, rue Saint-Jacques, devant la rue du Plâtre, à l'enseigne de la Ville de Paris*, 1687. 2 vol. in-12, frontispices gravés et figures de Chauveau, mar. rouge jans. dent. int. tr. dor. (*Cuzin*).

> Édition recherchée, qui est en réalité la seconde de Racine,

l'édition de 1679 n'étant qu'une réimpression pure et simple de celle de 1676 ; c'est la première qui renferme *Phèdre* le discours prononcé à l'Académie, à la réception de Th. Corneille, et l'*Idylle sur la paix.*
Très-bel exemplaire. Hauteur : 160 mill.

60. ŒUVRES DE RACINE. *A Paris, chez Denys Thierry, rue Saint-Jacques, devant les Mathurins, à la Ville de Paris, 1697. 2 vol. in-12, figures, mar. rouge, dos orné, fil. dent. int. tr. dor. (Trautz-Bauzonnet.)*

Édition très-estimée, la dernière donnée du vivant de Racine, et la première contenant *Esther, Athalie* et *4 cantiques.*
Superbe exemplaire. Hauteur : 163 mill.

61. ESTHER, tragédie tirée de l'Escriture sainte (par J. Racine). *A Paris, chez Claude Barbin, 1689.* In-4, 6 ff. lim. et 83 pp. chiffr. mar. rouge jans. dent. int. tr. dor. (*Cuzin.*)

ÉDITION ORIGINALE. Bel exemplaire, avec la figure de C. Le Brun, gravée par Séb. Le Clerc.
Hauteur : 249 mill.

62. Esther, tragédie tirée de l'Escriture sainte (par J. Racine). *A Paris, chez Claude Barbin, 1689.* In-12 de 8 ff. lim. 86 pages, 2 pages pour le privilège et 1 feuillet blanc, fig. de Séb. Le Clerc d'après Le Brun, mar. rouge jans. dent. int. tr. dor. (*Cuzin.*)

Première édition de ce format.
Hauteur : 162 mill. et demi.

63. ATHALIE, tragédie tirée de l'Écriture sainte (par J. Racine). *A Paris, chez Denis Thierry, 1691.* In-4 de 6 ff. et 87 pp. mar. rouge jans. dent. int. tr. dor. (*Cuzin.*)

ÉDITION ORIGINALE. Bel exemplaire, avec la figure de T.-B. Corneille, gravée par Mariette.
Hauteur : 249 mill.

64. Athalie, tragédie tirée de l'Écriture sainte (par
J. Racine). *A Paris, chez Denys Thierry*, 1692.
In-12, figure de Séb. Le Clerc, 8 ff. y compris la
figure et 114 pages, mar. rouge jans. dent. int. tr.
dor. (*Duru*, 1859.)

> Première édition de ce format.
> Hauteur : 161 mill.

65. LES ‖ ŒUVRES ‖ DE MONSIEUR ‖ MO-
LIÈRE. *A Paris, chez Charles de Sercy et chez
Jean Guignard fils*, 1666. 2 vol. in-12, frontispice
gravé par Chauveau à chaque volume, mar. rouge,
dos orné, fil. doublé de maroquin bleu à compartiments dorés, tr. dor. (*Trautz-Bauzonnet.*)

> ÉDITION RARE ET PRÉCIEUSE, la première qui ait été faite de
> la réunion des pièces de Molière avec une pagination suivie.
> Le tome Ier contient : *Remerciement au Roy ; les Précieuses
> ridicules ; Sganarelle ou le Cocu imaginaire ; l'Estourdy ou
> les Contre-temps ; le Dépit amoureux.* — Le tome II : *les Fas-
> cheux ; l'Escole des maris ; l'Escole des femmes ; la Critique de
> l'Escole des femmes ;* et *les Plaisirs de l'Isle enchantée.*
>
> Chaque pièce est précédée d'un feuillet blanc, qui compte
> dans la pagination ; cette feuille blanche était, bien probable-
> ment, disposée pour recevoir une estampe qui n'a pas été
> gravée.
>
> Le frontispice en tête du tome Ier représente un buste de Mo-
> lière, près duquel sont accoudés Sganarelle et Mascarille ; celui
> du second volume représente Molière et sa femme, couronnés
> par Thalie.
>
> Superbe exemplaire.
> Hauteur : 146 mill.

66. LES ŒUVRES DE MONSIEUR MOLIÈRE.
A Paris, chez Claude Barbin, 1673. 7 vol. in-12,
mar. rouge, fil. dos orné, tr. dor. (*Reliure ancienne.*)

> PRÉCIEUSE ET RARISSIME ÉDITION.
> Elle est ainsi composée : Tomes I et II, réimpression tex-
> tuelle de l'édition de 1666, avec les deux mêmes frontispices

gravés que nous avons décrits au numéro précèdent; les fleurons et les initiales sont changés.

Le tome III contient les pièces suivantes, avec titre pour chacune et pagination différente : *L'Amour médecin, comédie. A Paris, chez Pierre Trabouillet,* 1669. 2ᵉ édition. — LE MI-SANTROPE (*sic*). *A Paris, chez Jean Ribou,* 1667. Gravure. (Edition originale.) — *Le Médecin malgré luy. Paris, Claude Barbin,* 1674.

Le tome IV contient : LE SICILIEN *ou l'Amour peintre. Paris, chez Jean Ribou,* 1668. (Edition originale.) — AMPHI-TRYON. *Paris, chez Jean Ribou,* 1668. (Edition originale.) — LE MARIAGE FORCÉ. *Paris, chez Jean Ribou,* 1668. (Edition originale.)

Le tome V contient : L'AVARE. *Paris, Jean Ribou,* 1669. (Édition originale.) — GEORGE DANDIN. *A Paris, chez J. Ribou,* 1669. (Édition originale.) — *Le Tartuffe ou l'Imposteur. A Paris, chez Claude Barbin,* 1673. Gravure.

Le tome VI contient : *Monsieur de Pourceaugnac. A Paris, chez Claude Barbin,* 1673. — *Le Bourgeois gentilhomme. A Paris, chez Claude Barbin,* 1673.

Et le tome VII : *Psiché, tragédie-ballet. Paris, chez Claude Barbin,* 1673. — LES FOURBERIES DE SCAPIN, *comédie. Et se vend pour l'autheur à Paris, chez Pierre Le Monnier,* 1671. (Edition originale.) — LES FEMMES SCAVANTES, *comédie. Et se vend pour l'auteur à Paris, au Palais et chez Pierre Promé,* 1673. (Edition originale.)

Ce recueil contient donc, outre les 2 volumes précieux (tomes I et II) en tête desquels on retrouve les frontispices de l'édition collective de 1666, HUIT PIÈCES ORIGINALES séparées.

Bel exemplaire, mesurant 149 à 150 mill.

On ne connaissait jusqu'ici que TROIS EXEMPLAIRES de cette édition rarissime (celui de la Bibliothèque nationale, auquel manque le tome V; celui de M. de Crozet, à Marseille, qui appartient actuellement à M. le comte de Villeneuve; et le bel exemplaire de M. le comte de Lignerolles, aux armes de J.-B. Colbert).

Celui-ci est le QUATRIÈME.

67. LES ŒUVRES DE MONSIEUR MOLIÈRE. *A Paris, chez Denys Thierry et Claude Barbin,* 1674-1675. 7 vol. in-12, mar. rouge, dos orné, fil. dent. int. tr. dor. (*Trautz-Bauzonnet.*)

PRÉCIEUSE ET FORT RARE ÉDITION, la véritable originale des œuvres de Molière, publiée presque immédiatement après sa mort, et la première où toutes les pièces publiées de son vivant

aient été recueillies en corps d'ouvrage et avec une pagination
suivie.

Cette édition est sans figures et sans frontispices. Les
tomes I à VI, qui furent publiés ensemble, portent la date de
1674: le tome VII ne parut qu'en 1675. Il contient : *le Malade
imaginaire* (c'est la première édition de cette dernière pièce
faite d'après un texte qui paraît authentique) et *l'Ombre de Molière* (par Brécourt).

Très-bel exemplaire.

Hauteur : 154 mill.

68. LES ŒUVRES DE MONSIEUR MOLIÈRE.
*A Amsterdam, chez Jaques le jeune (Daniel, Elze-
vier),* 1675. 5 vol. pet. in-12, mar. rouge, dos orné,
fil. dent. int. tr. dor. (*Trautz-Bauzonnet.*)

Jolie édition, formée de la réunion de vingt-six pièces imprimées et vendues séparément par Daniel Elzevier, avec des
titres particuliers portant la Sphère.

Le premier volume a un frontispice gravé et un *Remercie-
ment au Roy,* morceau en vers occupant 4 pages. Ce volume
contient aussi *la Cocue imaginaire* (comédie en un acte et en
vers, par François Donneau de Visé), 1662.

Le tome deuxième contient *le Festin de Pierre ou l'Athée
foudroyé,* sous le nom de J.-B. de Molière; c'est la pièce de Dori-
mond, celle de Molière n'a été imprimée qu'en 1682.

A la fin du tome cinquième se trouve la pièce intitulée :
l'Ombre de Molière (par Brécourt). 36 pages.

Superbe exemplaire, très-grand de marges et parfaitement
conservé, avec témoins.

Hauteur : 132 et 133 mill.

Toutes les pièces sont de bonne date.

69. ŒUVRES DE MOLIÈRE (précédées de mé-
moires sur la vie et les ouvrages de Molière, par
J.-L.-J. de la Serre). *Paris, Bauche,* 1739. 8 vol.
in-12, figure, mar. vert, dent. tr. dor. (*Derome.*)

BEL EXEMPLAIRE, auquel ont été ajoutées les jolies figures
gravées par Punt, d'après Boucher, et *tirées sur grand papier.*
Il provient des ventes d'OURCHES, DURIEZ, PIXERÉCOURT et TUR-
NER. La reliure est signée; elle est d'une grande fraîcheur.

Cette édition reproduit celle de 1734, en 6 vol. in-4. On y a
ajouté une *Addition à l'avertissement,* contenant : 1° un ex-
trait des *Nouvelles nouvelles, Paris, Quinet,* 1663, par de

Visé ; 2° *Lettres sur les affaires du théâtre* (par le même)
extraites des Diversités galantes. Paris, Ch. Barbier, 1664 ;
3° *Catalogue des critiques qui ont été faites contre les comédies de Molière.*

70. ŒUVRES DE MOLIÈRE, avec des remarques
grammaticales, des avertissemens et des observa-
tions sur chaque pièce, par M. Bret. *A Paris, par
la compagnie des libraires associés,* 1773. 6 vol.
in-8, portrait et figures, mar. rouge, dos orné, fil.
dent. int. tr. dor. (*Derome.*)

Jolie édition, qui contient la première suite des figures de
Moreau le jeune ; la figure du Sicilien est signée à la pointe
sèche (l'artiste a donné son propre portrait dans cette gravure).
Magnifique exemplaire, dans une reliure d'une parfaite conservation ; elle est signée.

71. LE MARIAGE FORCÉ, comédie par J.-B. P. de Molière. *A Paris, chez Jean Ribou,* 1668. In-12 de
2 ff. prélim. et 91 pages chiffrées, mar. rouge jans.
dent. int. tr. dor. (*Trautz-Bauzonnet.*)

ÉDITION ORIGINALE.
Très-bel exemplaire. Hauteur : 149 mill.

72. LE FESTIN DE PIERRE, comédie par J.-B. P. de
Molière. Édition nouvelle et toute différente de
celle qui a paru jusqu'à présent. *A Amsterdam,*
1683. In-12, 1 figure, 2 ff. prélim. et 72 pages,
mar. r. dos orné, fil. dent. int. tr. dor. (*Trautz-
Bauzonnet.*).

Très-bel exemplaire de cette édition précieuse, qui contient
pour la première fois dans toute leur intégrité la scène du pau-
vre et celle qui précède (scènes 1re et 2e du troisième acte). Ces
deux scènes renferment, dans cette édition, des passages qui ne
se trouvent même pas dans les exemplaires non cartonnés de
l'édition de *Paris,* 1682.
Superbe exemplaire mesurant 135 mill. (témoins).

73. LE TARTUFFE OU L'IMPOSTEUR, comédie par

J.-B. P. de Molière. *Imprimé aux despens de l'au
theur, et se vend à Paris, chez Iean Ribou*, 1669
In-12 de 12 ff., dont le premier est blanc, et 96 pages chiffrées (les onze feuillets imprimés prélim. se
composent du titre, de la préface et du privilège,
avec le nom des auteurs au verso), mar. rouge jans.
dent. int. tr. dor. (*Trautz-Bauzonnet.*)

ÉDITION ORIGINALE.
Très bel exemplaire. Hauteur : 149 mill.

74. Le Tartuffe ou l'Imposteur, comédie par J.-B.
P. de Molière. *A Paris, chez Jean Ribou*, 1669.
In-12 de 12 ff. prélim., y compris une figure et
96 pages chiffrées, mar. rouge jans. dent. int. tr. dor.
(*Trautz-Bauzonnet.*)

Deuxième édition, et la première contenant les trois placets
au Roy relatifs au pamphlet de Roullé, curé de S. Barthélemy,
qui avait réussi à faire interdire la représentation du Tartuffe.
(*Bibliographie Moliéresque.*)
Hauteur : 144 mill.

75. Amphitryon, comédie, par J-B. P. de Molière. *A
Paris, chez Jean Ribou*, 1668. Pet. in-12, 4 ff. prélim.
et 88 pages chiffrées, mar. rouge jans. dent. int. tr.
dor. (*Trautz-Bauzonnet.*)

ÉDITION ORIGINALE.
Superbe exemplaire. Hauteur : 149 mill.

76. George Dandin, ou le Mary confondu, comedie
par J.-B. P. de Moliere. *A Paris, chez Jean Ribou*,
1669. In-12 de 2 ff. prélim. et 152 pages (la dernière page est chiffrée 155 par erreur), mar. rouge
jans. dent. int. tr. dor. (*Trautz-Bauzonnet.*)

ÉDITION ORIGINALE.
Bel exemplaire. Hauteur : 143 mill.

77. Psiché, tragédie-ballet, par J.-B. P. de Molière. *A Paris, chez Claude Barbin,* 1673. In-12, 2 ff. prélim., 90 pages chiffrées et 1 feuillet pour le privilège, mar. rouge jans. dent. int. tr. dor. (*Trautz-Bauzonnet.*)

Édition publiée deux mois après la mort de Molière.
Bel exemplaire. Hauteur : 148 mill.

78. Les Fourberies de Scapin, comédie, par J.-B. P. de Molière. *Et se vend pour l'autheur à Paris, chez Pierre Le Monnier,* 1671. In-12 de 2 ff. prélim., 123 pages et 2 ff. pour le privilège, mar. rouge jans. dent. int. tr. dor. (*Trautz-Bauzonnet.*)

Édition originale.
Très-bel exemplaire. Hauteur : 148 mill.

79. Les Femmes sçavantes, comédie, par J.-B. P. de Molière. *Et se vend pour l'autheur à Paris, au Palais, et chez Pierre Promé,* 1673 (l'achevé d'imprimer est daté du 10 décembre 1672). In-12 de 2 ff. prélim. et 92 pages mar. rouge jans. dent. int. tr. dor. (*Trautz-Bauzonnet.*)

Édition originale.
Très-bel exemplaire, grand de marges. Hauteur : 148 mill.

80. Recueil des pièces mises au Théâtre-Français par M. Le Sage. *Paris, chez Jacq. Barois fils,* 1739. 2 vol. in-12, v. ant.

Première édition collective,
Le premier volume, 3 ff. lim. et 420 pages, contient *le Traître puni,* comédie en 5 actes; *Don Félix de Mendoce,* comédie traduite de Lope de Vega, 3 actes; *le Point d'honneur,* comédie en 3 actes; *la Tontine,* comédie en un acte.
Le second volume, 2 ff. lim., 389 pages et 3 pages pour l'approb. et le privilège, contient : *D. César Ursin,* comédie en 5 actes; *Crispin rival de son maître,* comédie en un acte; *Turcaret,* comédie en un acte; *Critique de la comédie de Turcaret.*
Hauteur : 163 mill.

IV. ROMANS

81. LES AMOURS PASTORALES DE DAPHNIS ET DE CHLOÉ (traduites du grec de Longus par J. Amyot). *Sans lieu (Paris)*, 1718. Petit in-8, frontispice et figures gravés par Audran d'après les dessins de Philippe, duc d'Orléans, Régent, mar. rouge, dos orné, fil. tr. dor. (*Padeloup.*)

> Superbe exemplaire réglé (hauteur : 157 mill.) provenant de Girardot de Préfond et portant, collé à l'intérieur, l'*ex libris* de Durfort-Duras.

82. LES CENT NOUVELLES NOUVELLES..... contenant les Cent Histoires nouveaux qui sont moult plaisans à raconter. Avec d'excellentes figures en taille-douce gravées sur les dessins du fameux Romain de Hooge. *A Cologne, chez P. Gaillard (Hollande)*, 1701. 2 vol. pet. in-8, figures, mar. rouge, dos orné, fil. tr. dor. (*Reliure ancienne.*)

> Belles épreuves des figures tirées avec le texte, c'est à dire de premier tirage.

83. LES ŒUVRES DE M. FRANÇOIS RABELAIS, docteur en médecine..... Augmentées de la vie de l'auteur et de quelques remarques sur sa vie et sur l'histoire, avec l'explication de tous les mots difficiles. *S. l. (Amsterdam, les Elzevier)*, 1663. 2 vol. pet. in-12, mar. rouge jans. doublé de mar. olive, avec compartiments dorés à la fanfare, tr. dor. (*Thibaron, dorure de Marius Michel.*)

> Superbe exemplaire, réglé, de la première édition imprimée par les Elzevier.
> M. Willems, dans son ouvrage sur les Elzevier, pages 334

et 335, défend cette jolie petite édition contre le jugement sévère qu'en avait porté Brunet. Ce dernier prétendait, notamment, que le troisième livre ne s'y trouvait pas en entier ; les recherches de M. Willems nous offrent la preuve du contraire.
Hauteur : 132 mill.

84. ŒUVRES DE MAÎTRE FRANÇOIS RABELAIS, avec des remarques historiques et critiques de M. Le Duchat ; nouvelle édition, ornée de figures de B. Picart, et augmentée de nouvelles remarques et de pièces curieuses. *Amsterdam, J.-F. Bernard,* 1741. 3 vol. gr. in-4, fig. mar. r. fil. dos orné, tr. dor. (*Padeloup.*)

Superbe exemplaire en GRAND PAPIER. C'est le premier et le plus beau des deux exemplaires sur ce papier qui se trouvaient à la vente du prince Radziwill. Le second, relié en maroquin citron, a été depuis vendu à la vente Benzon, en avril, 5,500 fr.

Celui-ci provient de la vente L. de M. (Lebeuf de Montgermont).

85. HEPTAMÉRON FRANÇOIS. — Les Nouvelles de Marguerite, reine de Navarre. *Berne, chez la nouvelle Société typographique,* 1780-1781. 3 vol. in-8, frontispice, figures et vignettes par Freudenberg et Dunker, mar. rouge, dos orné, fil. dent. int. tr. sup. dor. ébarbé. (*Capé.*)

Cette jolie édition a été publiée sous la direction de J. Rodolphe de Sinner ; les gravures, fleurons et vignettes (ces dernières gravées par Dunker) qui ornent ce livre sont remarquables au point de vue de l'exécution.

Exemplaire grand de marges. Très-belles épreuves.

86. LA VRAYE HISTOIRE COMIQUE DE FRANCION, composée par Nicolas de Moulinet, sieur du Parc, gentilhomme lorrain (Charles Sorel). Soigneusement reveue et corrigée par Nathanaël Duëz, maistre de langues. *A Leyde et Roterdam, chez les Hackes,* 1668. 2 vol. pet. in-12, frontispices et figures gra-

vés, mar. bleu, dos orné, fil. dent. int. tr. dor. (*Trautz-Bauzonnet.*)

> Très-bel exemplaire de cette jolie édition, qui s'ajoute à la collection des Elzevier.
> Hauteur : 131 mill.

87. Le Romant comique, par M. Scarron. *A Leiden, chez Jean Sambix (à la Sphère)*, 1655. Pet. in-12, mar. citr. dos orné, fil. dent. int. tr. dor. (*Trautz-Bauzonnet.*)

> Très-joli exemplaire, grand de marges. 129 mill.
> Belle édition imprimée à Leyde par Jean Elzevier ; elle contient la première partie du *Roman comique*, la seule qu'ait donnée cet imprimeur.

88. HISTOIRE DE GIL BLAS DE SANTILLANE, par M. Le Sage, dernière édition, revue et corrigée. *A Paris, par les Libraires associez*, 1747. 4 vol. in-12, figures, mar. rouge, dos orné, fil. tr. dor. (*Cuzin.*)

> Dernière édition revue par Le Sage, et la bonne sous cette date.
> Très-bel exemplaire. Hauteur : 164 mill.

89. Le Temple de Gnide (par Montesquieu). *Paris, Le Mire*, 1772. In-8, figures, mar. rouge, dos orné, fil. tr. dor. (*Reliure ancienne.*)

> Édition gravée, le texte par Drouet, le titre-frontispice et 9 figures par Le Mire d'après les dessins de Ch. Eisen.
> Très-bel exemplaire ; la reliure est fraîche.

90. HISTOIRE DU CHEVALIER DES GRIEUX ET DE MANON LESCAUT (par l'abbé Prévost). *Amsterdam, aux dépens de la Compagnie (Paris, Didot)*, 1753. 2 vol. in-12, papier de Hollande, vignettes et figures de Pasquier et Gravelot, v. ant. tr. marbr.

> Édition la plus recherchée de ce roman, la dernière publiée par l'auteur.

91. Contes moraux, par Marmontel, de l'Académie

françoise. *Paris, J. Merlin,* 1765. 3 vol. in-8, figures, v. f. filets, tr. dor. (*Reliure du temps.*)

Édition la plus recherchée, contenant un beau portrait de
Marmontel d'après Cochin, gravé par Saint-Aubin, un joli frontispice et 23 charmantes figures de Gravelot.

Bel exemplaire du PREMIER TIRAGE, avec un errata à chaque
volume.

92. IL DECAMERONE di messer Giovanni Boccacio,
nuovamente corretto per messer Antonio Bruccioli.
In Venetia, par Gabriel Jolito di Ferrarii, 1542.
Petit in-16, portrait en médaillon sur le titre, mar.
rouge à comp. dorés, tr. dor. (*Reliure ancienne.*)

Jolie reliure du xvie siècle, bien conservée; le dos et les plats
sont parsemés de branchages et de fleurs.

93. LE DÉCAMÉRON DE JEAN BOCCACE. (Traduit par
Ant. Le Maçon.) *Londres (Paris),* 1757. 5 vol. in-8,
frontispices, portrait, figures et culs-de-lampe par
Gravelot, Boucher et Eisen, mar. rouge, dos orné,
large dent. sur les plats, tr. dor. (*Reliure ancienne.*)

Très-bel exemplaire avec le paraphe imprimé au dos de
certaines planches, ce qui indique le premier tirage. La reliure
est parfaitement conservée.

94. Histoire de l'admirable Don Quichotte de la
Manche, traduite de l'espagnol de Michel de Cervantes, enrichie des belles figures dessinées de Coy-
pel et gravées par Folkema et Fokke. *A Amsterdam et à Leipsig, chez Arkstée et Merkus,* 1768.
6 vol. in-12. — Nouvelles de Michel Cervantes Saa-
védra, nouvelle édition, augmentée de trois nouvelles qui n'avoient point été traduites en françois,
et de la vie de l'auteur, enrichie de gravures en
taille-douce. *A Amsterdam et à Leipsig, chez Arkstée et Merkus,* 1768. 2 vol. Ens. 8 vol. in-12, portrait et figures, brochés.

Exemplaire NON ROGNÉ; RARE dans cette condition.

V. CRITIQUE, SATIRES, ÉPISTOLAIRES

95. Henrici Canisii Antiquæ Lectiones in quibus antiqua monumenta ad hist. mediæ ætatis illustrandam.... *Ingolstadii*, 1601-1604. 6 vol. in-4, mar. rouge, tr. dor.

> Superbe exemplaire aux armes de J.-A. de Thou et de sa première femme Marie de Barbançon-Cany. C'est l'exemplaire dont parle M. Brunet et qui a figuré à la vente Abrial en 1841, et en dernier lieu à celle de Turner, 1878.

96. Encomium matrimonii, per Des. Erasmum Rot. — Encomium artis medicæ per eumdem. (*In fine :*) *Basileæ, apud Joannem Frobenium*, 1518. In-4, titre gravé, avec encadrement sur bois, mar. la Vall. jans. dent. int. tr. dor. (*Trautz-Bauzonnet.*)

> Très-bel exemplaire offert à M. Jules Janin par M. Labouchère, peintre, avec une lettre autogr. sig. de ce dernier.

97. Apologie pour Hérodote, ou Traité de la conformité des merveilles anciennes avec les modernes, par Henri Estienne, nouvelle édition faite sur la première et augmentée de tout ce que les postérieures ont de curieux, et de remarques par Le Duchat, etc. *A la Haye, chez Henry Scheurleer*, 1735. 3 vol. in-8, front. gr. mar. rouge jans. doublé de mar. bleu avec une large dent. tr. dor. (*Reliure de Cuzin, dorure de Marius Michel.*)

> Édition estimée; très-bel exemplaire relié sur brochure et rempli de témoins.

98. Lettres de madame Rabutin-Chantal, marquise

DE SÉVIGNÉ, à madame la comtesse de Grignan, sa fille. *A la Haye, chez P. Gosse, J. Neaulme,* 1726. 2 tomes en un vol. in-12, mar. rouge jans. dent. int. tr. dor. (*Trautz-Bauzonnet.*)

Édition rare et recherchée, contenant 177 lettres (43 de plus que les précédentes) et offrant un meilleur texte.
Le tome Ier a 10 ff. lim. 344 pages chiffrées et 1 ff. d'errata.
Le tome IIe a 297 pp. 1 ff. d'errata et 11 pp. de table.
Bel exemplaire. Hauteur : 156 mill.

VI. POLYGRAPHES

99. M. Tullii Ciceronis Opera, cum optimis exémplaribus accurate collata. *Lugduni Batavorum, ex officina Elzeviriana,* 1642. 10 vol. pet. in-12, mar. rouge, fil. tr. dor. (*Reliure ancienne.*)

Édition faite sur le texte de Gruter; elle est très-jolie et très-recherchée.
Bel exemplaire. Haut. : 129 et 130 mill.

100. Lucien, de la traduction de M. Perrot, s^r d'Ablancourt, avec des remarques sur la traduction; édition revue et corrigée. *Amsterdam, Pierre Mortier,* 1709. 2 vol. pet. in-8, figures, mar. rouge, dos orné, fil. tr. dor. (*Reliure ancienne.*)

Très-bel exemplaire de la meilleure édition de cette traduction; la reliure est d'une parfaite conservation.

101. ŒUVRES DE SALOMON GESSNER. *A Paris, chez Ant.-Aug. Renouard, an VII* (1799), *de l'imprimerie de Crapelet.* 4 vol. in-8, portraits et figures mar.

rouge, dos orné, dent. sur les plats, doublé de tabis bleu, tr. dor. (*Bozérian.*)

Très-bel exemplaire en papier vélin, contenant la jolie suite de Moreau le jeune, figures encadrées, épreuves AVANT LA LETTRE, à laquelle on a ajoute la suite de Borel, également AVANT LA LETTRE. L'exemplaire ayant 212 mill. de hauteur, les planches trop courtes ont été rallongées par le bas.

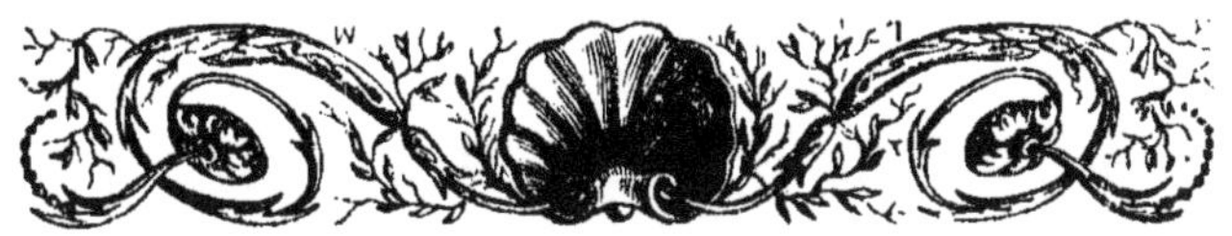

HISTOIRE

ISCOURS SUR L'HISTOIRE UNIVERSELLE, pour expliquer la suite de la religion et les changements des Empires, par messire Jac.-Bénigne Bossuet, évesque de Condom. *Paris, Séb. Mabre-Cramoisy,* 1681. In-4, mar. rouge jans. fil. à froid, dent. int. tr. dor. (*Ottmann-Duplanil.*)

ÉDITION ORIGINALE. Bel exemplaire.

103. TITI LIVII HISTORIARUM LIBRI. *Venetiis, in ædibus Aldi et Andreæ soceri,* 1518-19-20-21, *et in ædibus heredum Aldi,* 1533. 5 vol. in-8, mar. rouge jans. dent. int. tr. dor. (*Trautz-Bauzonnet.*)

Superbe exemplaire de cette première édition Aldine, dont il est difficile de trouver les cinq volumes réunis.

Cet exemplaire a appartenu à GROLIER, qui a écrit son nom *Grolierii et Amicorum,* à la fin des décades I, III et IV. Les nombreuses capitales des trois premiers volumes sont peintes avec soin en or et couleur.

104. TITI LIVI HISTORIARUM QUOD EXTAT ex recensione J.-F. Gronovii. *Amstelodami, apud D. Elzevi-*

rium, 1678. In-12, titre gravé, mar. rouge jans.
dent. int. tr. dor. (*Trautz-Bauzonnet.*)

Superbe exemplaire, très-grand de marges. Hauteur : 149 mill.

105. Julii Cæsaris quæ extant ex emendatione Jos.
Scaligeri. *Lugduni Batavorum, ex officina Elzeviriana,* 1635. Pet. in-12, titre front. gravé et 3 cartes
mar. rouge jans. dent. int. tr. dor. (*Trautz-Bauzonnet.*)

Bel exemplaire de la première édition sous cette date. Hauteur : 125 mill. 1/2.
Voir la note curieuse que M. Willems (*Les Elzevier. Histoire
et Annales typographiques,* pages 103 et 104) consacre à cette
jolie édition, qu'il considère comme le principal chef-d'œuvre
des célèbres imprimeurs hollandais.

106. C Corn. Tacitus ex. J. Lipsii editione cum not.
et emend. H. Grotii. *Lugduni Batavorum, ex officina
Elzeviriana,* anno 1640. 2 vol. pet. in-12, titre
gravé au tome Ier, mar. rouge jans. dent. int. tr.
dor. (*Trautz-Bauzonnet.*)

Bel exemplaire. Hauteur : 129 mill.

107. L. Annæus Florus et Lucius Ampelius. *Lugd.
Batav., apud Elzevirios,* 1638. Pet. in-12, titre
frontisp. gravé mar. rouge jans. dent. int. tr. dor.
(*Trautz-Bauzonnet.*)

Bel exemplaire. Hauteur : 129 mill.

108. Sallustius Crispus, cum veterum historicorum
fragmentis. *Lugduni Batavorum ex officina Elzeviriana,* 1634. Pet. in-12 mar. rouge jans. dent.
int. tr. dor. (*Trautz-Bauzonnet.*)

Joli exemplaire de la première édition sous cette date.
Hauteur : 123 mill.

109. Histoire amoureuse des Gaules (par Bussy-Rabutin). *S. l. n. d. (Hollande)*. Pet. in-12, titre-front.
gravé mar. rouge, dos orné, fil. dent. int. tr. dor.
(*Cuzin.*)

Jolie édition (dite à *la Renommée*), avec les noms dans le
texte, et par conséquent sans clef. Après la page 244 se trouve
la *copie d'une lettre écrite au duc de Saint-Aignan par le
comte de Bussy*; et le feuillet séparé du fameux cantique : *Que
Déodatus est heureux*, qui valut à Bussy-Rabutin son incarcé-
ration à la Bastille.
Bel exemplaire. Hauteur : 126 mill.

---

110. La Gallerie des Femmes fortes, par le P. Pierre
Le Moyne, de la Compagnie de Jésus. *A Leiden,
chez Elsevier, et se vend à Paris, chez Charles An-
got*, 1661. Pet. in-12, frontispice et portraits
gravés, mar. rouge, dos orné, fil. dent. int. tr. dor.
(*Duru.*)

Très-bel exemplaire. Hauteur : 130 mill.

ORDRE DE LA VACATION

TABLE DES DIVISIONS

Paris. — Typ. G. Chamerot, 19, rue des Saints-Pères. — 10794.

9 782329 609973